AF586393

251

HISTOIRE TRAGIQVE DV MARQVIS D'ANCRE & sa femme.

Contenant vn bref narré de leurs pratiques & desseins, depuis le traicté de Loudun iusques aux iours de leur mort & execution.

A PARIS,

De l'Imprimerie d'Antoine du Brueil,

M. DC. XVII.

Auec permission.

26

HISTOIRE TRAGIQVE du Marquis d'Ancre & sa femme, contenant vn bref narré de leurs pratiques & desseins, depuis le traicté de Loudun iusques aux iours de leur mort & execution.

QVi eut iamais creu que la France gisante dans le lict de la mort, eust peu si tost reprendre sa premiere vie? il sembloit que frappée d'estourdissement elle eut entierement perdu la force & le courage, que les François aueuglez ne recogneussent plus leur honte, & leur ruine, & qu'ils eussent entierement perdu la memoire de leur gloire & reputation.

Vn nombre de vipereaux gens de sac & de corde, ames venales, sans honneur & courage, prestoient la main pour deschirer le sein de leur mere, adoroient le veau d'or, se seruoient du nom auguste du Roy pour ruiner la Royauté, & contre toutes les reigles naturelles plusieurs commançoient à se persuader que la plus furieuse violence qui se vit iamais estoit capable de durée. Vn potiron, vn auorton estranger, auoit comme Lucifer assez d'impudence & de temerité pour entreprendre de poser son siege sur les fleurs de lys, & empieter le trosne de son maistre. Tous moyés humains sembloient defaillir pour arrester le cours impetueux de ce Torrent desbordé, les gens de bien gemissoient sous les fers, la tyrannie opprimoit insolẽment tous les ordres, l'on croyoit le Roy inuesty & entouré de ses ennemis euidens de telle sorte, qu'on desesperoit presque de luy pouuoir faire entendre les plaintes de ses suiects affligez, bref les pensees estoient punies, & les carrefours des villes garnis de gibets, & qui l'eust iamais creu?

La Cour estoit deserte, les Princes en estoient fugitifs, leurs places remplies de gens de peu, le Roy gardé par personnes suspectes, les armes conuerties contre ceux, qui opposoient leur courage, exposoient leurs vies, & se sacrifioient volontairement pour conseruer la couronne en son entier. l'on ruinoit leurs villes, demolissoit laurs maisons, & se trouuoient des ames assez lasches, pour persuader à executer ces meschans & desnaturez desseings.

Mais, ô grand Dieu protecteur des Princes, que ta puissance est grande & qui peut assez admirer tes Conseils? celuy qui sembloit vouloir eschelet les Cieux. Ce Briarée qui combatoit contre les Dieux, entassoit montaigne sur montaigne, dessins sur dessins, frappé d'vn coup de foudre, est maintenant l'opprobre & scandalle des hommes son corps deschiré par les mains de la populasse, traisné de ruë en ruë, immolez à la vengeance publique, & bruslé en diuers endroits de ceste grande & superbe ville de Paris, rend vn cuident tesmoignage & de la iustice diuine, & de la haine vniuerselle du peuple,

Ce miserable enflé du vent d'vne prosperité precipitée, soustenuë par des arts diaboliques, s'imaginoit que les sortileges & les charmes luy seruiroient de passage à l'authorité souueraine : il ne pouuoit cognoistre que les Roys sont hommes des l'enfance : que la France au tesmoignage des anciens ne souffre aucuns monstres : son cœur, cõme celuy de Pharaon estoit endurcy : son ambition l'aueugloit de telle sorte, que portant (comme il faisoit) les affaires à l'extremité, il ne cognoissoit pas qu'il ne falloit esperer qu'vn souslèuement vniuersel, & de voir dans l'estat autant de roytelets que de Gouuerneurs, autant de republiques que de villes, si l'on n'appliquoit promptement le cautere, si l'on ne coupoit la teste du pauot qui auoit assoupy les esprits, & si l'on ne tranchoit par le pied la racine de l'arbre maudict qui portoit de si damnables fruicts : Que la main de Dieu, par lequel les Roys regnẽt, & qui à tousiours tesmoigné vne assistance particuliere au fils aisné de son Eglise, n'estoit point accourcie : ains susciteroit en temps propre des Machabées, pour deliurer son peuple d'vne seruitude estrangere.

La bassesse & villité de sa naissance, n'empeschoit pas son courage, d'aspirer à choses grandes: c'estoit la vraye statuë de Nabugodonosor : s'il eust faict reflection sur soy-mesme, si comme le Paon, il ne se fust enorgueilly de la beauté de son plumage, du faste de ses flateurs & suiuans, il eust facilement recognu que les Notaires & menuiſiers de Florence n'engendroient point d'hommes qui peuſſent cōmmander en France : Les morts miſerables & tragiques d'vn Sejanus , d'vn Landays, d'vn Borgia , d'vn Protadius, & autres mōſtres peris par les mains d'vn bourreau, immolés à la vengeance publique , euſſent refrené ſon ambition deſreglée : mais ſa malice eſtoit venuë au cōble : la fiolle eſtoit remplie, il la falloit cacheter & y mettre le ſeau, dit vn ſainct homme.

Les Princes outrez de douleur de veoir la beauté des fleurs de lys & l'honneur de la nation & Couronne Françoiſe terny & ſoüillé. En parlant à la Royne mere, luy font entendre à combien d'inconueniens eſtoit portee l'authorité du Roy ſon fils, par l'agrandiſſement exceſſif d'vn homme comblé de vices & de crimes, que l'on ne pouuoit ſans gemir & ſans fremir, voir les places pour la reconqueſte deſquelles, le plus grand Monarque de l'Europe auoit employé le plus fort de ſa valeur & de ſes armes, eſtre confiées à la garde d'vn potiron, qui n'eſtant obligé de ſa naiſſance, d'affection ny d'intereſt à l'eſtat, les liureroit à l'eſtranger au moindre vent & à la moindre apprehenſiō de desfaueur.

Mais au lieu d'eſtre eſcoutez il les fait meſpriſer on ſe rit d'eux, & lors qu'ils penſent s'en eſmouuoir, on empriſonne les vns, on exile les autres: on ſe couure du nom de ſa Maieſté pour les exterminer, que de crimes de leze Maieſté, il ne ſe trouue pas aſſez de boureaux & de gibets pour pēde ceux qui les veulent aſſiſter à vn ſi ſaint & glorieux deſſein : Bref ils ſont contraincts chercher la

240

lumiere esloignez de leur Soleil.

Monsieur le Duc de Longueuille a esté le premier, qui courageusemẽt s'est opposé aux desseins du Mareschal d'Ancre. Commencement qui à causé le bien dont la France iouyt à present, chose qu'on ne peut dissimuler sans ingratitude & sans malice. Car ayant eu aduis qu'il vouloit mettre l'estranger dans Peronne, il si porta incontinent à la priere des habitans qui tous les larmes à l'œil, l'attendoient à bras ouuerts, fondans sur la seule valeur de ce Prince, l'asseurance de leur salut, il n'y est si tost arriué qu'il dissippe leurs craintes, & d'vn esclat de sa presence, chasse les trouppes qui vouloient s'emparer de ceste ville, iadis le cimetiere des ennemis estrangers, dont il donne aduis au Roy.

Ceste action qui deuoit estre estimee & recognuë, est suiuie de menaces & les menaces d'vne armee y enuoyee: mais qui fut contrainte de retourner tout court.

Où le fer ne peust nuire, on employe le papier par l'aduis du Marquis, on crie, on escrit que c'est vn attentast à la paix de Loudun, que c'est vne entreprise contre le seruice du Roy: il veut qu'on croye que ce seruice soit crime de leze-Maiesté, & en toutes façons bande tous les ressors de l'authorité de la faueur & de la trahison pour l'abattre & le perdre.

Mais contre tant d'orages, ce Prince oppose son innocẽce & son courage resolu de mourir plutost cent mille fois, que de souffrir l'estranger dans les places de son Gouuernement, & ne le faut trou-

R.F.

uer estrange, cet honneur est fatal à sa maison; il auroit degeneré à ce braue Comte de Dunois, d'où il est issu, à qui la France doit son restablissement & sa conseruation, s'il eust faict autrement.

Les autres Princes qui auoient mesme desir, & qui vouloient l'assister en vne si glorieuse entreprise ne sont pas mieux traictez que luy, Peronne trauaille l'ame du Mareschal d'Ancre, en quelque façon que ce soit il y veut r'entrer, mais voyant le courage de ce ieune Prince resolu au contraire, & perdant de là esperance d'y paruenir, ioinct d'ailleurs que pour l'execution du Traicté de Loudun, il estoit sorty de la Citadelle d'Amiens, & auoit esté contraint de quitter la Picardie, le desespoir le saisit, la rage le transporta en telle sorte, que depuis il n'a faict que flotter ça & là à la mercy des ondes de ses diuerses pensees, ressemblant au Pilote qui ayant perdu son Nord & son Timon iette tousiours l'œil sur le port sans y pouuoir entrer. Et de vray toutes les declarations contre les Princes ne sont pretextes que sur le faict de Peronne, tesmoignage que c'estoit le ver qui piquoit sans relasche le cœur dudict Mareschal.

Contraint donc, de quitter la Picardie, son salut par ce moyen estant desesperé tous autres (pour ouurir la porte à l'estranger ou fauoriser vne fuitte) luy defaillans, cognoissant vn peu trop tard que ce ieune Hercule sçauoit dés le berceau estouffer les monstres & les escraser, il iette feu & flammes, bouleuerse sans dessus dessous toutes choses, & ne pouuant flechir les Cieux, tasche d'esmouuoir les enfers.

Pource

Pource il iette les armes aux champs sous le nom de sa Majesté volle & tyrannise le peuple par daces, impositions, & coruées, fait entrer trois mille cinq cens Liegeois conduits par des chefs estrangers, assiege les Princes, fortifie Quilleboeuf, arrache à force d'argent & de menaces les meilleures places de Normandie des mains de ceux à qui le feu Roy les auoit confiées : se faict engager les tailles de ceste grande Prouince en veut estre souuerain par la Duché d'Alençon, qu'il auoit vsurpé, se veut faire Connestable, tenant par ce moyẽ toutes choses à sa discretion, affin que l'on cogneut que sa faueur n'estoit point affoiblie, bref il desiroit auoir en Normandie, ce qu'il n'auoit peu auoir en Picardie.

Et toutesfois ceste Prouince luy est si chere qu'il ne la peut oublier, & tasche pour cet effet d'esbrãler la constance de ce braue Prince tantost par promesses de recõpences d'argẽt tãtost par eschãge de toutes ses places, auec autres grands aduantages.

Mais cest frapper sur l'eau, c'est battre le vent, le courage de Monsieur de Longueuille est trop ferme & Frãçois, & à trop d'affection vers le Roy & les peuples de son Gouuernement pour les abãdonner audict Mareschal, lequel pour estonner le monde, parle en Tyran, ne promet que supplices & fait vn roolle (qui s'est trouué apres sa mort) du nombre des Seigneurs, & autres qu'il vouloit faire assassiner, ame lasche, confite en cruauté & perfidie.

Dans le cours furieux de ceste prodigieuse fortune à la vueille de tant de morts, & d'vn embrassement vniuersel, le Roy qui de long temps cognoit dedans son cœur vn desir d'y remedier, d'oster la puissance Royalle dont ce nouueau Maire du Palais abusoit, & d'estre Roy en effect, est fort esmeu à ces bons mouuemens par vne lettre surprise que ce Mareschal enuoyoit hors de France, par laquelle il mandoit que dans la fin de May il auroit trente mille estrangers & vingt-mille François pour fouler aux pieds ceux qui s'opposeroiēt à son authorité, balançant toutesfois sa Majesté, entre le respect & la reuerence maternelle, & l'obligation qu'il à au salut de son peuple, auec peine à faict esclore ses resolutions. En fin les plaintes des Princes & des peuples, leurs offres de seruices & leurs iustifications estant paruenuës iusques à ses oreilles, il les escoute fauorablement, mais ne desirant rien precipiter veut apprendre d'ou prouenoit vne si prodigieuse faueur, & par quels arts elle se conseruoit enuers des gens absolument de neant, & qui n'estoient recommandables en aucune partye.

En fin cognoissant que le mal pressoit, qu'il estoit temps de faire & non pas de parler, il se resout de prendre à bon escient les rennes du gouuernement, & par vne action vrayement royalle faire cognoistre qu'il sçauoit garder l'honneur de sa Majesté & donner la paix à son peuple.

Ceste deliberation prinse, il commande au sieur de Vitry Capitaine des gardes de son corps, d'arrester ledict Mareschal d'Ancre, & le constituer prisonnier, pour luy estre & à ses complices le procez faict & parfaict, à quoy obeissant, il l'aborde à l'entrée du Louure, luy dit le commandement qu'il auoit de l'arrester, & en mesme temps luy prend la main gauche, & le haut de la manche droicte de son pourpoint.

Cet insolent qui voyoit toutes choses releuer de sa volonté & pouuoir tout au milieu de ses satellites sans considerer le lieu où il estoit veut mettre la main à l'espée, & à son exemple quelques-vns des siens s'efforcent d'offencer ledit Sieur de Vitry, mais ils y sont empeschez par trois coups de pistolet qui furent tirez par quelques Gentils-hommes & autres de la suitte dudit sieur de Vitry, mais dont l'vn porta dans la teste, l'autre dans la gorge, & le dernier dans le corps dudit Mareschal, & faisans en suitte luire l'esclat de leurs espées dans les yeux des rebelles en nombre de plus de cinquante, ceste trouppe estourdie dispa-rut si soudainement qu'à peine peut-on s'apperceuoir qu'elle estoit deuenuë.

L'action acheuée ledict sieur de Vitry r'entra dans la Cour du Louure où il s'esleua vne acclamation si grande de viue le Roy, & vne voix si esclatante & si accordante du peuple dont la Court & tous les enuirons estoient remplis loüans Dieu & benissans sa Maiesté, qu'il sembloit que tous eussent participez à ceste execution & eussent eu communication du dessein, & à petee à trauers tant de voix en ceste acclamation publique, sa Maiesté, peut faire entendre la sienne qui tesmoignoit combien elle auoit ce seruice aggreable: seruice signalé puis que ce coup luy redonne son authorité souueraine, approche les Princes de

sa personne, & donne la paix à son peuples, ne de-
meurant aucun regret en l'ame de sa Majesté que
la façon de ceste mort, ou l'insolence auoit pre-
cipité cet audacieux, ayant par ce moyen rauy à
la France la iustice qu'elle s'en estoit promise.

Cependant le corps porté dans le corps de garde de la porte est despoüillé par les archers. Et en-
tr'autres choses, on trouua dans ses chausses pour
dix neuf cens soixante treize mille liures d'acquits
& promesses : du depuis enterré dans l'Eglise S.
Germain de l'Auxerrois, la fureur du peuple fut
telle qu'il en a esté tiré hors, & comme Aman pen-
du par les pieds à vne potence qu'il auoit faict
dresser au bout du Pont-neuf, depuis traisné par
la ville, deschiré, & les pieces bruslées en diuers
endroits de Paris.

Tout d'vn chemin on cherche Barbin, qui a-
uoit le maniement des finances, on le trouue ca-
ché dans les Escuries de la Royne mere, il est ra-
mené chez luy pour y voir faire l'inuentaire de ses
papiers, & de là apres auoir esté interrogé est con-
duit dans le fort l'Euesque, & la Mareschalle
d'Ancre à la Bastille.

Ces choses faictes sa Majesté qui auoit tousiours profondement graué dans le coeur l'impor-
tance du seruice qui luy auoit esté rendu par Monsieur de Longueuille, & auoit tousiours estimé la
Vertu & le courage de ce Prince, comme de celuy
duquel il cherit le merite & qu'il tient pour vn des
plus grands & forts pilliers de son Estat, au para-
uant le commandement donné audict Sieur de
Vitry, auoit escrit de sa propre main vne lettre

pour ledict Sieur Duc de Longueuille, qu'il tenoit en sa pochette preste à luy ennoyer, incontinent que l'acte seroit achené, ce qu'il fit par Courier exprés, le conuiant de se rendre pres de sa personne pour l'assister & contribuer ses bons aduis pour le restablissement de l'Estat.

Vne ame moins genereuse, vn courage moins noble que celuy de Monsieur de Longueuille eut esté chatouillé de plaisir entendant vne semblable nouuelle voyant son ennemy renuersé & abbatu par le commandement de sa Majesté, mais ceste nouuelle ne le touche point son ame ne sort point de son assiette ordinaire il l'auoit tousiours par trop mesprisé, comme indigne de sa colere pour permettre que l'aise peut donner atteinte à sō courage, le seul seruice du Roy auoit poussé ses armes & l'auoit porté à trauerser les entreprises dudit Mareschal lequel en particulier il eut desdaigné de regarder, sa mort ne le touche non plus que la mort d'vn autre homme commun, & le cōtentement qu'il en reçoit est celuy du public qu'il void à present iouyr d'vn repos asseuré.

Ceste lettre n'est si tost renduë que ce Prince se dispose de venir en Cour, ne s'imaginant iamais pouuoir assez tost iouyr de la presence du Soleil, dont par si long temps il auoit esté priué.

Il arriue à Paris auec vn applaudissement & des acclamations incroyables, & sa prompte obeissance vers le Roy, & la douceur de son visage promettent la paix à tous ceux qui le regardent arriuer, & comme les autres Princes auoient pris les armes pour la conseruation de la personne de sa

Maiesté & de son Estat, aussi à son exemple les poserent ils, ces grands Ducs de Neuers & de Mayenne, qui se rendirent pres sa Maiesté, & par leur prompt retour tesmoignerẽt leur obeyssance.

Ce ne fut pas tout, la Mareschalle d'Ancre qui auoit esté menée en la bastille, fut conduicte incontinent apres en la Conciergerie du Palais, le Roy qui auoit faict deliurer commission à Messieurs de son Parlement trauaillerent à la perfection de son procez, interrogerent par plusieurs & diuerses fois ladicte Mareschalle, finallement apres l'auoir trouuée atteinte & conuaincuë du crime de leze Majesté Diuine & humaine, le Samedy 8. Juillet, elle fut executee à mort en la place de Greue, où elle eust la teste tranchee son corps ard, bruslé & reduit en cendres, iettées puis apres au vent.

BIBLIOTHEQUE ROYALE

Permißion.

IL est permis à Anthoine du Brueil d'Imprimer ou faire Imprimer vne, *Histoire tragique du Marquis d'Ancre & sa Femme, contenant vn bref narré de leurs pratiques & desseins, depuis le traicté de Loudun iusques aux iours de leur mort & execution.* Et deffences sont faites à tous Libraires & Imprimeurs de l'Imprimer sur peine de confiscation des Impressions qui en seront trouuées, & damende arbitraire.

signé, H. de MESMES.

Es de PARIS.

www.ingramcontent.com/pod-product-compliance
Lightning Source LLC
LaVergne TN
LVHW052040160826
845678LV00003B/1446